鳥取春散策

文／圖 王春子

往山陰・鳥取

　　如果要為鳥取選一個字，我會選「少」，再加上鳥取的海，就成了「沙」。

　　鳥取最迷人的景點之一，是可以散步在巨大的沙丘中，感受一半是海、一半是沙漠的魔幻景象。整座城市遊客不多，像特地只為招待你。

　　「鳥取」，是因為古代的鳥取平原有很多沼澤，鳥兒在水邊聚集，當地的居民會捕捉鳥類來繳稅而得名。一開始是因為日本鳥取觀光局的考察邀約，才有機會認識過去不曾拜訪的鳥取。做為日本人口密度第二低的城市，散步在其中，常常許久才會遇見幾個零星的遊客。令我印象深刻的是，有一次在池山湖中的青島，午後，偶爾一陣陣風把盛開的櫻花瓣吹得四處揚起，島上除了幾個孩童和他們的父母，就只有我們，周遭僅有孩童的遊戲笑聲。又或者走進昨夜剛下了大雪的雨滝瀑布，雪地上除了動物走過留下的足跡外，就乾淨得什麼也沒有。又因為光害少，鳥取的星星多到迷人，令人難忘。

雖然「少」，但在鳥取發生的故事，從古老的神話、街道上的小店，到鳥取醫生吉田璋也在民藝運動中對故鄉的愛，卻又是那麼豐富。這也讓我萌生了想做《鳥取春散策》的念頭，因此連續兩年，同樣在春天時造訪鳥取。

　　從大阪搭火車或巴士前往鳥取，在離開神戶港後，兩側都是山。四月，山是棕綠色，偶有幾株粉白色的櫻花樹參雜其中，像是長了白頭髮的中年人。途中會經過宮本武藏的家鄉，繼續往山裡不知開了多久，窗外的景色，一下子晴天出太陽，一下子下雨，帶點濕氣的山裡冒著白煙。想起了鳥取出生的谷口治郎，在《父之曆》漫畫的後記裡曾提到，過去回故鄉必須搭 8 小時的電車，所以 15 年來都沒回去。不過，現在要造訪鳥取，已經比以前容易多了。

目次

童子地藏堂

1. 鳥取民藝美術館

2. たくみ工藝店

（匠工藝店）

鳥取車站旁「民藝館通リ」上，現為日本國家指定文化財的「民藝三連棟」，是由民藝運動家吉田璋也設計建造的。

安西水丸在《小小城下町》*書中提到，說起鳥取，人們首先想到的應是沙丘吧，然而他卻是先想到鳥取醫生吉田璋也設計的民藝扶手椅。

「民藝」是由柳宗悅、濱田庄司、河井寬次郎於 1925 年所創的新詞，為「民眾的工藝」簡稱，意為從工匠製作的日常雜器中，發掘出質樸之美。拜訪民藝三連棟時，可以依序先到美術館[1] 欣賞民藝品，再到たくみ工藝店[2] 選購新作民藝品，最後在たくみ烹割店[3]，使用涮涮鍋的原型，品嘗和牛美味，並體會民藝餐具的「用之美」。對街相鄰的兩棟房子分別是吉田璋也醫院原址和兒子（也已七八十歲）的醫院。

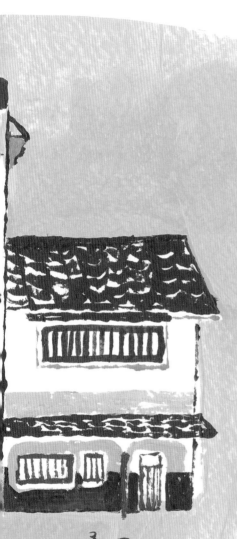

（和牛涮涮鍋）
又たくみ烹割店

民藝扶手椅
座雕曲木肘掛回轉椅（1950 年）

7

新作民藝運動

染分皿（1931 年）

吉田醫院患者用診療椅子
（1960 年）

伸縮式木製電氣燈座
（1932 年）

古民藝

牛之戶燒瓶子
　　　　　　　　　　朱塗手提髮結單笥
* 牛之戶燒的發祥地在
今天鳥取縣江津市，是
日本新作民藝的先驅。

鳥取民藝美術館

　　1949 年開館的鳥取民藝美術館，展示吉田璋也從日本、朝鮮和中國蒐集而來的古民藝品和新民藝品，約 5000 多種，都是民間會使用的器具，從中可體會美和日常是一體的「用之美」。

吉田璋也

1898 年出生於鳥取，柳宗悦入門弟子，本業是鳥取的耳鼻喉科醫生，致力於將鳥取一些快要消失的手工藝帶往民藝之路，而後也參與了新作民藝設計，在陶瓷、織品、染製、木工、紙藝等領域設計出新民藝。

1954 年成立鳥取文化財協會，發起對鳥取的自然歷史文化財產保護運動，如鳥取沙丘的天然紀念物指定、鳥取城跡指定、仁風閣保存……。

匠工藝店

職人手作陶杯

　　安西水丸曾感嘆民藝運動原追求的
實用民間工藝品，最終仍變成高價的工
藝品。「但在其中，終究還是有一位誠懇
踏實、指導民藝的人物，是在鳥取擔任
耳鼻喉科醫生的吉田璋也。他告誡山陰
那些傾向追求奇妙藝術的工藝家們，並
確實指導他們做出足以為民藝的作品。
但做出的陶器或木工品若賣不出去，製
作者就難以維生，因此他在鳥取車站旁
開了『匠工藝店』。」

民藝風包裝紙

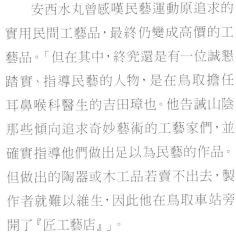

「涮涮鍋」原型

　　創業於 1962 年，店內用的短煙囪
銅鍋，是當年吉田璋也擔任軍醫時，從
中國北方帶回的。在和柳宗悅、河井寬
次郎的交流建議下，將食材由原本的涮
羊肉改為江戶時代就已經是知名和牛產
地的鳥取和牛，是日本涮涮鍋的原型。

story 02 ／別館・阿彌陀堂

入口↑
入口1

室的小的入口2→

民藝運動的現場

　　要拜訪阿彌陀堂，首先要先走一段崎嶇的小山路，由吉田璋也建造的別館隱身於樹林中，外觀是一間不起眼的小木屋。或許正是這樣的反差，走進屋內，一下子便被眼前開闊的湖山池美景給震懾住，池中有五座小島，春天時湖面煙霧繚繞，又稱「霞湖」。

　　阿彌陀堂現為鳥取民藝美術館別館，是當年柳宗悅、濱田莊司、李奇來訪，討論民藝運動的會議現場。聽說因為需要預約，到目前為止，只有 100 人左右來參觀過。雖然拜訪的人不多，窗台邊和茶室內仍特地擺飾著新鮮的茶花，像是不久前這裡才剛結束了一場民藝的討論。隔壁還有一間小茶室，入口在另一處，須彎腰由小門入內。

柳宗悦

1889 年生，畢業於東京帝國大學哲學科，研究宗教哲學、文學的同時，對民藝產生興趣，進而收集、研究，推廣「民藝」理論。

李奇 Bernard Leach

英國人，1887 年生。李奇讓柳宗悅注意到日本工藝之美，了解東方和西方具有同等的價值，面對西方時就不會自卑了。

濱田庄司

民藝陶藝家。1894 年生，畢業於東京高等工業學校窯業科，於 1920 年和李奇一起赴英做陶兩年半，返回日本在益子築窯、參與民藝運動。

11

story 03 ／因州·中井窯

柳宗理

1915 年生，畢業於東京美術
大學，進入坂倉準三建築研
究所。活躍於設計第一線長
達半世紀以上，為日本極具
代表性的工業設計師。

因州‧中井窯 ✕ 柳宗理

　　江戶時期延續下來的鳥取縣民窯。1945 年開窯為牛之戶燒的副窯廠，採用的土壤也和牛之戶相同。其特點為用天然素材燒成綠、黑、白三種鮮明對比的釉色。

　　「邊緣無釉雙色盤」是 1956 年吉田璋也特地拜託柳宗理為中井窯重新設計的新民藝，盤子一半黑釉、一半綠釉，是牛之戶的「分釉」技法特徵，吉田璋也打算用此重振牛之戶窯，邊緣不上釉色，露出一圈土色的設計，則是採柳宗理建議的「跳邊」技法。

邊緣無釉雙色盤

製作現場，職人正在拉坯中。

入口處有巨大的登窯，一階階向上。

窯廠有陳列商店，可以買到剛出爐的中井窯燒。

目前已經傳承到第三代，窯主坂本章先生。

手拭巾，中井窯代表色。

13

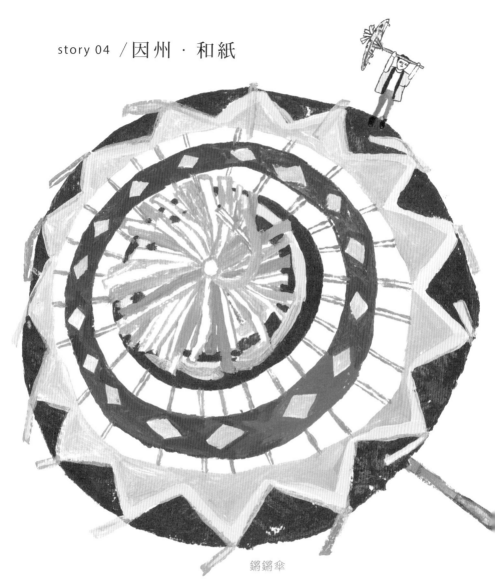

鏘鏘傘

用因州和紙製成的鏘鏘傘。「鳥取鏘鏘節」為夏天的盛大節日，鳥取人會拿著裝飾著鈴鐺的鏘鏘傘一起跳舞。

「鏘鏘」的由來是傘上裝飾有鈴鐺會發出鏘鏘聲，和溫泉水湧出的鏘鏘聲相近而得名。（日語兩種狀聲詞都是叫做「鏘鏘」）

三椏

楮こうぞ

雁皮

和紙三大原料：
三椏、楮、雁皮。

最古老的和紙

因州和紙有古老製紙的歷史記錄，至今約 1300 年，「因幡國屯倉記帳斷簡」為日本現存最古老的和紙。東京淺草寺著名的雷門大燈籠便是用因州和紙製作；它也是書道家的愛用紙。

「ちゃっぽん、ちゃっぽん」

日本聲音風景百選

因州和紙的「ちゃっぽん、ちゃっぽん」抄紙聲，是操作簀桁時最後的結束動作，連同紙漿水在網版上晃動發出的聲響，在 1996 年被環境省選定為「日本最想被留下的傳統聲音」。

和紙伴手禮

小風箏。

名片手工紙。

15

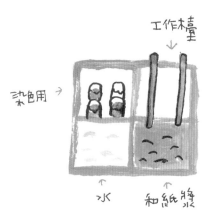

工作檯 ↓

染色用 →

↑ 水　↑ 和紙漿

和紙製作體驗

第一次在旅行中參加手作工作坊，戰戰兢兢地聽著師傅的教學，從搖晃紙漿到成形、染色……，接著也跟著做一次，最後很開心的帶走剛出爐，由自己設計完成的和紙伴手禮。

→ 木框
→ 絹網

1 首先將木框和絹網上下捏緊便成了可以製紙的抄網，再浸水弄濕。

2 將抄網放入紙漿內，由外向內。水平上下、左右搖晃，讓水流下，使紙漿均勻鋪滿。

3 想好要設計的裝飾圖案，現場有提供色紙、染色色漿、木屑、金銀箔，你可以撕有顏色的和紙放上去、渲染顏色、淋上金箔……。

4 放在有吸塵器功能的機器上，淋膠水後讓機器吸乾水分。

16

5 移到帆布上，上面蓋上棉布，以中間為中線，上下滾動。

6 放在有熱氣循環的高溫不鏽鋼檯面上，用滾筒再次來回壓平。完成。

隨時準備支援的師傅

和紙師傅會先用日文說明，實際操作一次全部流程，要記憶的多是一些製紙的動作，用看的大致上就能全部理解。因為步驟有點多，本來擔心會忘記，實際上操作時，師傅還是會跟緊注意每次的動作是否正確，所以最後當然順利的拿到製作成功的和紙。

完成的和紙作品。以鳥取菜種五島為主題的即興創作。

智頭町是江戶時代縣內最大宿場町。
地處於智頭中央的石谷家，為當時鳥取藩
最大的住宿驛站，當地主要產業是林木業。

一踏進石谷家住宅，映入眼簾的是過去做為農作業室使用的大空間，還有高出地面一段的地爐，光線悠悠地從 14 米高的天窗透下，有點昏暗幽靜，很難想像過去這裡曾是繁榮熱鬧、人來人往的驛站。

1920 年起建，歷經 10 年完工，以日式庭園為中心，是由四十間房間，七棟儲藏窖構成的大規模木造宅院。可以體驗自日本江戶時期至明治時代、昭和時代的建築樣式和技術。每間房間使用來自日本各地不同的名木建造，都是少見的巨木尺寸，看出去的庭園風景也都不太一樣，其中還有天然瀑布呢。參觀的那天只有我們一組旅客，導覽人員打趣的說，在東京或京都可能也都有這樣的庭園房間，但鳥取的觀光客很少，不用人擠人，可以幽靜的獨自欣賞。

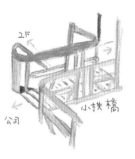

二樓日式小拱橋，左邊是公司，右邊是家族神殿，是一般住家不會有的格局。

挑高的地爐。

正對面是一間古老的木造消防局。

像愛心的木窗其實是山豬的眼睛。

當年的米倉現在是展示工藝品的地方，也有伴手禮區，販售古典的木製陀螺、手工藝品等。

story 06 ／風土・沙丘

鳥取的沙是從山地的岩石，經風化變成沙礫，再經
由西北季風搬運至內陸，10 萬年來慢慢堆積形成，東西
長達 16km 南北寬達 2.4km，是日本規模最大的沙丘。

沙丘上因為遠近，出現各種不同尺寸、
大大小小的人，有種魔幻風景的感覺。

營業中。可以乘坐駱駝在沙丘中散步、
攝影。駱駝雨天不工作，準時下班不
加班。圖為休息時間就東舔舔梯子、
西舔舔繩子的駱駝小姐。

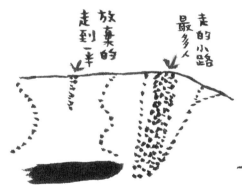

沙丘上有人走過的地方會留下一條條
明顯的路徑足跡。有走到一半放棄的，
也有布滿重疊腳印、最多人走的小路。
沙丘上踩著別人走過的路比較輕鬆，
這也是一種人生指南？

風像海浪一樣有運動的方向，可以用
風紋來判斷風吹的方向。風紋會移動、
前進；插一個指標在其中，就能觀察。
就像人生，你不動，但周遭和你一起
工作的年輕人年紀卻一直遞減。

沙漠和沙丘的差別　　沙漠是指年降雨量 250mm 以下的乾旱土地。
　　　　　　　　　　沙丘則是由於風力作用搬運沙礫堆積而成的地貌。

攝影師 **植田正治**

1913 年出生於鳥取，著名的系列
作品，便是以鳥取沙丘作為舞台的
人像攝影，畫面充滿魔幻戲劇性。

綠洲→

會因為當年雨量
變大或縮小。

　　沙丘最美麗的時間為早上及傍晚太
陽西下時，因為斜射陰影，風紋最為明
顯。太陽下山後，10-15 鐘內沙丘很快
就會降溫變冷，跟沙漠一樣。

砂之美術館 (砂の美術館)

以沙雕為主題的室內美術館，每年都會依據不同
的企畫策展，邀請海內外創作者以沙雕做為媒材，
展出相關的主題大型特展。從館內到戶外廣場，
都能眺望鳥取沙丘。

安部公房創作《沙丘
之女》時，曾到此地
取材。

爬上高度約 50 米高的馬背頂部，可以看見美麗的海岸線和山景。黃昏時大家都離開，沒人走的沙丘，馬背質感變得特別，像一隻休息的動物趴在沙丘上。

馬背

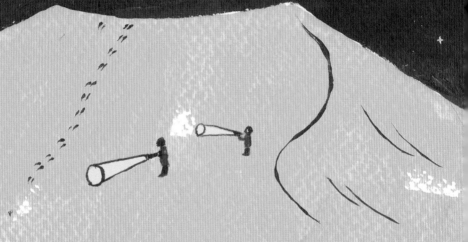

　　夜裡的沙丘很黑很黑，除了抬頭可以看見月光、星空外，視線只剩下手電筒照出的小圓圈，被叮嚀著要跟緊遠方同伴的燈火，黑暗中有點狼狽，四肢並用的爬到了沙丘的最高處。

　　在沙丘馬背上，循著海浪聲面向大海，漆黑中海是不會反光的，只能依稀看到發亮的白色小浪花出現、消失，還有海浪拍打沙灘的啾啾聲。

　　鳥取沙丘嚴禁帶走沙子，但回到旅館，脫下鞋子才發現，還是沾了不少綿綿細細的沙，花了不少時間拍打才清乾淨。

23

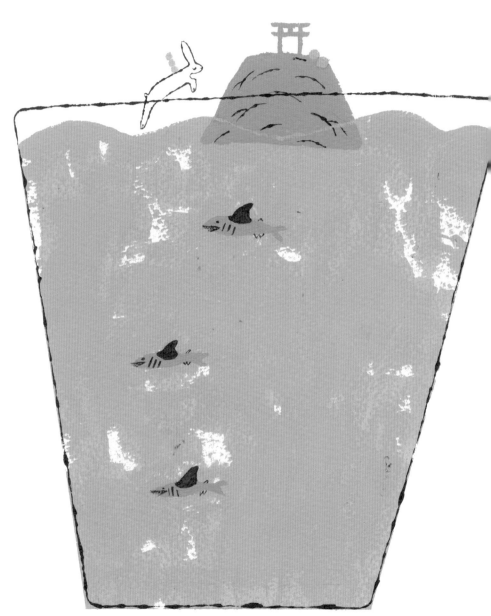

白兔神社，起源于日本神話《因幡白兔》。

白兔神社又稱為結緣神社。在日本，「緣」指的是與
人、事物、工作的美好邂逅。

神社販賣有被蓋了「緣」印章的結
緣小石頭。聽說石子如果可以丟到
鳥居上沒掉下來，願望就會實現。

背負結緣重責，身上被放
很多小石子的白兔大神。

參拜方法

1 丟入香錢後，
先敬禮兩次。

2 兩拍。
拍手兩下。

3 許願。

4 再敬禮一次。

淤岐之島（淤岐ノ島）

傳說白兔曾住在這座島上。日落
時從白兔丘瞭望台的方向望去，
海面上露出的礁石，像故事中鯊
魚的背鰭，剛好連成一條線直到
岸上，故事或許是這樣開始
的。

《因幡之白兔》結緣神社的由來

＊因幡國為現今的鳥取縣。

大國神主有八十個兄弟，都仰慕因幡國＊道羽的美人，於是一起出發前往道羽。

這時有一隻想要渡海的白兔。

他欺騙鯊魚説：「嘿！我們來比比看是鯊魚族比較多還是兔子族比較多。你們在海面上排成一列直到海岸，我一邊走一邊數，這樣就知道誰比較多了。」

就當快要上岸時，白兔得意忘形地笑鯊魚是一群笨蛋。生氣的鯊魚一口就把白兔的皮給啃掉了。

走在前頭的八十眾神遇到沒了皮受傷的白兔。

八十眾神説：「你先用海鹽沐浴，再到高處風乾，傷口就會癒合了。」白兔照著做，全身疼痛不已。

大國神主因為幫大家背所有的行李，所以走得最慢。

隨後趕上的大國神主，遇到了奄奄一息的可憐白兔。

好心的大國神主聽完白兔的遭遇説：「你應該先用水門旁的淡水清洗受傷的身體。」

「再取河邊的蒲黃花粉，在花粉上面滾一滾。」

痊癒後的白兔為了報恩，就向美人推薦善良的大國神主。而從中牽線的白兔神便成了可以求姻緣的結緣神。

菜種五島

千貫松島

共有五座相連的小島，其中最大的那座島上，春天時會有油菜花（菜種），遠遠看是鵝黃色的小點點。

十米高的花崗岩拱形島，斜斜的插著一株獨立長出的松樹，像被刻意裝飾似的。

鳥取藩二代目藩主池田綱清曾說，「若有誰可以把這棵松樹移到我的庭院，便賞他銀千貫。」因此被命名為「千貫松島」。

千畳松島

「松島果然是松島，

浦富果然是浦富。」

* 松島為東北三景。
我們面對著浦富海岸思索著文豪島崎藤村的這段話。

浦富海岸環島遊覽船

穿梭於島嶼之間的遊覽船。
出船時，黑鳶近距離的在船尾
追逐盤旋，繞了好一會才離開。
遊覽船穿梭在島嶼中航行，海
面是清澈透明的藍綠色，黃褐
色的小島，山頭點綴著松樹，
松樹配海景，滿風雅的。

等待搭船處，路邊依靠風
力旋轉的曬魷魚台子，像
遊樂園裡的遊樂設施。

story 09 ／ 鳥取的廚房

賀露海鮮市場

　　如果說從一座城市的市場，便能窺見當地的餐桌，那賀露市場便是鳥取的廚房。

　　位於賀露港旁，海產店家賣著當日現撈的新鮮漁貨和農產品，相較於用漁船出海時掛的大旗子做布置的氣勢，魚市場本身卻顯得有點寂靜。老闆們靦腆安靜地坐在攤位上，等客人靠近才招呼。這裡可以買到各類漁貨，有可供作刺身的海鮮或加工過的乾貨，也有山菜、海菜。隔壁的大型農產品超市，可以買到新鮮蔬菜、鳥取的米、春季盛產的草莓。

- -

白烏賊丼飯

山田屋

創業 200 年旅館附設的食堂，座落在賀露港上，從用餐的窗子望出去，可以看到一艘艘停泊的漁船。在這裡可以享用當地特產的新鮮海味。

鳥取城的城廓遺跡是仁風閣的背景。

以久松山 (263m) 為中心，被護城河圍繞的鳥取城跡和仁風閣一帶，曾是鳥取藩主池田家居住的城堡，鳥取市是以此為起點呈扇形發展的城市。

歷史故事現場

約在十六世紀中左右開始建造的鳥取城，曾被織田信長評為「堅固的名城」，易守難攻。也是日本戰國時，豐臣秀吉採斷兵糧圍城的歷史現場。走在陡峭又有點狹窄的上坡路，我們行進的速度很慢，帶路的田中先生請我們想像自己是當年戰爭時進攻鳥取城的隊伍，因為山路難走，只能緩慢的上坡，守城士兵正在上方準備迎戰。

另一位在當地長大的盛山先生指著山腳下的鳥取西高等學校說，那是他以前的高中，位置是古代戰場的廚房、紮營處，唸書時常常會有考古隊來學校，操場底下還挖出了很多碗、盤……等器具。

護城河邊可以播放和鳥取相關的童謠，讓人在櫻花下散步，邊聽童謠。

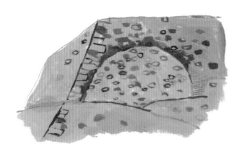

天球丸卷石垣

因為每次被攻打，石頭都會崩落，修著修著就修成圓形了。是全日本唯一一座具有圓形石砌輔助城牆的城跡。

四百年來不變

城廓入口處，門面有一道完美的城廓，是天才匠師的傑作，這位匠師同時也是皇居城廓的建造者（拼圖高手是也）。

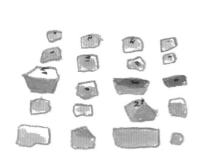

在原地等待的石頭

石頭上有編號，某次地震受損後，在此等待修復。因為各地都有需要修復的城廓，得排隊等候工匠。

天守與久松公園

位於山頂的久松公園，種植了 400 多株的櫻花，現在為賞櫻勝地，圍繞著過去的天守 * 舊址，能遠望至日本海，整座鳥取市也一覽無遺。現在僅剩一個四方石台座的天守台，大約長 20m，不知道當年在裡頭走動是怎樣的感覺？

---

* 天守是日本城堡中最高、最主要的部分，具有瞭望、指揮的功能。

仁風閣

1907 年由片山東熊博士設計，建築風格以法式文藝復興為基調，白牆瓦頂的兩層木造建築，是為了迎接當時日本皇太子殿下（後來的大正天皇）拜訪山陰地方時所建造的。各房間的命名，例如：御用休憩室、謁見所等，就是因此而來。

仍然發亮的愛迪生時代燈泡

這裡是當時鳥取市最先有通電照明的地方，館內使用的燈泡，一直到現在都還是愛迪生時代 * 的那一批電氣。

*「愛迪生型燈泡」的特徵是前頭有錐狀突起，有著小小尖尖的頭。

螺旋狀木樓梯

高 4 米的螺旋樓梯，全數用卡榫銜接，沒有一根支撐柱或釘子。但因為是以前的工法，沒有老師傅會維修了，現已不再使用。

夜晚·鹿野光輪寺晚課時間

　　夜晚，鹿野城護城河面　　　　像鏡子般清晰倒映著夜櫻，遠
方的紅色拱橋，一座在地上　　　一座在水裡。往城跡方向的山
路小徑望去是一片森林，漆　　　黑沒有任何燈火。九點半前，
是鹿野光輪寺晚課時間，山　　　裡傳來宏亮綿長、有韻律的經
文朗誦聲，順著河往山邊的　　　方向走，只聽到聲音看不到寺
廟和僧人，最後在一聲「以上」後結束，四周又回到了先前的寂靜。

已經沒有在使用的井，被加上蓋子變成桌子，成為涼亭供人休憩，上面還懸掛著小木桶。

路口處是鹿野小學之跡，連小學也是「跡」了。

鹿野城跡內有趣的小雕塑們。

安靜的街道，躲在房子下的小土偶。ウマモナド，鹿野町素燒人形，由當地市民製作，被放置在神社及公園周遭，彷彿是守護小精靈。

白天‧鹿野城下町「鹿野往來」

　　街道上很安靜沒什麼動靜，引人注目的是家家戶戶窗戶上，被風吹動的小風車都綁著一張小紙條，寫著和春天有關的短歌。

鳥取溫泉

泉質 硫酸塩泉
效用 風濕性疾病、神經痛、皮膚病……等

從繁華的街道中湧出，在鳥取市中心就能泡
到的溫泉。
最初是 1904 年在挖掘飲用井水時，意外發
現的溫泉，從鳥取火車站步行，就可以到四
個公眾浴場享用。

鹿野溫泉

泉質 單純弱放射能溫泉
　　（低張性弱鹼性高溫泉）
效用 神經痛、關節痛、疲勞恢復……等
・泉源可以飲用

鹿野溫泉（しかのおんせん）位於戰國時代
鹿野城主龜井所建的城下町，可以遙望因幡
的名峰──鷲峰山，昭和 41 年被指定為國
民保養溫泉地。

寫著「產地產銷」
的木牌。

夢小道（夢こみち）鄉土料理

　　用傳統民藝品鹿野產的斗笠
和門外自家種的鮮花擺盤。由古
民家村民開的店，像在家吃到的
媽媽料理。因為在鄉野，冬季下
雪缺乏新鮮食材，鄉土料理以醃
漬食物居多。

吉岡溫泉

泉質 單純溫泉
效用 風濕性疾病、痔瘡、美容⋯⋯等
・泉源可以飲用

約 1000 年歷史的因幡古湯，傳說是一位臉長惡瘡的女子，向神明乞求治癒皮膚，後來在田中挖掘而湧出的溫泉。

足湯。溫泉街上有兩處免費足浴處，供旅客散步後解除雙腳疲勞、休憩。去的那天，路上只有我們，幾乎是獨享啊。

公園有溫泉湧出，可以洗手，路邊的水溝，冒著熱煙，裡頭流動著無色無味的溫泉水。

Parakabuyu(パーテー株湯)

這裡的咖啡都是用溫泉水烹煮。店主吉田裕志因想為社區注入活力、帶來人潮，因此開了這家咖啡店。

menu 裡寫著店內推薦的烘培咖啡豆，是由當地人組成的團體——「湖南金家族」（コナン金ちゃんファミリー）裡，擅長烘培咖啡豆、住在店後街的林先生特選烘培的。

　　過去為鳥取藩主池田家的祈
願所，走入略微昏暗的室內，穿
過幽幽的長廊，眼前突然出現明
亮綠意的庭院風景。

　　江戶風的庭院建造於 1937
年，庭院以石龜和石鶴島象徵
福壽為主要設計。春天時庭園是
一片綠意，安靜得只有瀑布流水
聲，盤腿坐定後，寺院會為你遞
上一杯抹茶和小茶點，坐在鋪著
榻榻米的日式長廊上，面對開闊
幽靜的庭院。寧靜也是一種旅行
的風景。

　　名勝指定庭院的介紹上寫
著：「雖然作為寺廟庭園，卻不
以立石佛像作為象徵，反而設計
成像在書房內觀看庭院池塘，明
朗且讓人有親近感，為觀音院庭
院的魅力。」

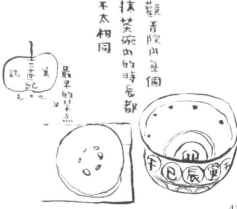

觀音院內每個
抹茶碗內的時辰都
不太相同

實也是
三世紀
記
最早的抹点

卯
巳 辰 寅 子

story 13 ／星取縣・佐治天文台

夜間天體觀察會

　　可以向天文台預約觀測天體。在預約的時間抵達，走進
空無一人的天文台內，像參加了一場祕密的 VIP 之夜。天文
台的頂樓有著專業巨大的 103 公分望遠鏡，燈光關閉後，
解說員按下控制鈕，屋頂就華麗的移動打開，配合著望遠鏡
旋轉、調整方向。觀星那天，誠懇認真的解說員面帶難色地
為天候不佳道歉，不斷地調整改變屋頂和望遠鏡的方向，努
力在很多雲的星空裡，為大家尋找可以觀看的星座、星雲。

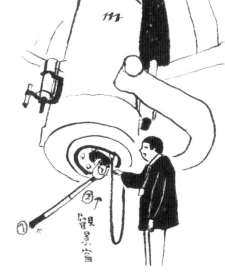

找到了很近的雙子星、紅
色的星星、有點酷的銀白
色星團。

夜宿天文台

　　旅館位於海拔 400 米天
文台旁，那一晚留宿的只有我們一組旅客，忙碌的旅館老
闆兼營餐廳及咖啡店。晚餐吃的鐵盤烤肉的食材，有來自
附近農家自種的無農藥有機蔬菜和分量略顯奢侈的鳥取和
牛。除了一般的洋式、和式房外，還可選擇附有不同口徑、
焦距的專業天體望遠鏡觀測所房，
供天文迷徹夜觀星。

入夜後雲朵散去，從小木屋步行到天文台旁觀星，因為鳥取人口少、光害小，山裡空氣清澈，肉眼便能看到多到數不清、密密麻麻的星空。

住城市太久已經忘記其實每晚都有這樣的星空，像個倒扣的碗掛在頭上。望著銳利發亮的星星，想著剛剛才在同一個方向，透過天文望遠鏡看到隱藏在後面的星團，就覺得神奇，令人敬畏。那晚才知道銀河不是一直在那裡，是會轉動的，同行的攝影師 Aring 等到三、四點才拍到銀河，不過當銀河還在腳下時，我已忍不住睡著了。

雨滝瀑布（雨滝）Amedaki，1990 年被選為日本百佳瀑布之一。冰雪消融的瀑布，從 40 米高飛流直下，深秋時會有滿山紅葉。

四月初的鳥取還殘存著一點冬天的尾巴，若遇到陰天，偶而颳來一陣冷風，讓人全身直打哆嗦，分不清是冬天還是春天。有時突然一陣驟雨，頭髮、衣服裡都沾著從天而降的小碎冰。但這樣的天氣也有意外的美好，比如說前天晚上的一場大雨，在山裡便化成大雪。當你往山裡走時，踏陷在滿是白雪的小徑，山裡的松樹、黑色的石頭上頭都蓋了一層軟軟白色的厚雪，看來就像是可口的小點心。

　　在往雨滝瀑布的山路，除了我們，沒有別人來訪，大家很有默契的沉默著，像進入一處神聖的地方，只有潺潺的溪流和嘩嘩瀑布聲。走近雨滝瀑布時，瞇著眼睛望著瀑布，濺出的水花像春雨灑在臉上，水汽在空中閃爍、落下，很舒服，依稀能了解為什麼被稱作 Amedaki 雨滝了。

覆上白雪，看來很可口的溪石。

雪地裡圍成一圈冒出的蕨類幼苗。

遠遠的便可望見山頭的白雪，像是一條條的白線畫在黑色的山上。

徘徊的動物腳印，不久前曾有一兩隻兔子在這裡繞圈遊行。

47

鳥取春滋味

豆腐

江戶時代日本海的魚獲非常珍貴，平民很難吃到。鳥取藩主因此對百姓遊說「以豆腐代魚」，將豆腐作為蛋白質來源。因此當時山區廣泛種植黃豆，加上鳥取的水適合做豆腐，豆腐和鳥取人的生活緊密連結，產生了地方特有的豆腐料理。

豆腐工房 雨滝（とうふ工房雨滝）

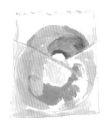

現炸豆乳甜甜圈　　　　　　新鮮豆腐

二十世紀梨‧甜點

　　鳥取沿途可見的果園，通常種植的是百年品種二十世紀梨。因為這個品種能抗蟲害，特別強壯，也發展出各種好吃的梨子口味甜點。

龜甲屋 銘果二十世紀

有著梨子清香味，是最早使用二十世紀梨做出的甜點。自 1924 年發售以來，未曾改變的鳥取滋味。

品牌和牛的祖先

鳥取是知名的黑毛和牛產地。因為繁殖能力強、健康不容易生病，當時被稱為因伯牛的和牛作為種牛，得到很好的評價。在 1966 年得到一等獎的「氣高」為現今知名和牛品牌的祖先。

新品牌「鳥取和牛油酸 55」

鳥取和牛以不飽和脂肪之一的油酸量多而聞名。油酸與入口即融度有關，日本有 52 萬頭和牛，只有 350 頭被篩選認定為油酸 55。

炭火燒肉 福 FUKU

鳥取和牛燒肉名店，供應的和牛品種是被稱為「萬葉牛」的頂級和牛，使用炭火爐炙烤出完美的油脂香氣，配上特製的甜味醬油，就是讓人融化的極致美味！

辣韮

鳥取沙丘特產醃漬辣韮，多作為開胃菜。種植在沙丘邊，10 月下旬～11 月上旬，會開滿整片紫白色的花，被稱為「沙丘的薰衣草」。

大山牛乳

鳥取人常開玩笑説：
「來鳥取，去了 SUTABA（星巴克），
接著一定要去 SUNABA（砂場）。」

砂場咖啡
SUNABA

星巴克咖啡
SUTABA

鳥取第一家咖啡店，剛開業時
都要排隊。

鳥取是日本最後一個有星巴克的縣。
2016 年才慶祝了自己境內終於有第一
間星巴克。圖為與新生代玄瑞窯合作，
以沙丘做為主題的星巴克限定馬克杯。

唱片行 borzoi record

樓梯間擺了一些鳥取當地的展覽、
表演資訊的海報或 DM。唱片行
裡，有二手黑膠唱片可以尋寶，也
有 CD、零星的卡帶。喇叭播放著
門口張貼的每日推薦專輯。

老闆説，這是一些
不是很有名的獨立
樂團歌本。

選物店 Santana

位於鳥取商店街裡的
古早公寓（50 年）
上田大樓二樓。

店內時常會有選物作家的展覽，也
有販售玻璃杯、小物飾品和烘焙咖
啡豆等等。

在書店裡購入的

《我喜歡鳥取──
水丸的鳥取民藝指南》

《谷口治郎繪畫的喜悅》

學生制服店陳設的是柯南的海報。
柯南作者青山岡昌先生是鳥取人，當地還有以柯南為主題設計的鳥取沙丘柯南機場。

定有堂書店

1980 年開業，店裡以販售二手書為主，都是老闆看過的，也有一些新書。書籍、雜誌若是以鳥取為題材或鳥取出生的作者，封面會標記小紙條，特別介紹、陳列出來。書店裡每個月舉辦讀書會，會將本月書單陳列在櫃檯前（　樓是舉辦讀書會的場地）。

店內也自製獨立免費刊物《音信不通》，每月發行一次，至今已發行三年。刊物內容由經常來店裡的讀者們投稿，題材五花八門，有高中生活、去印度旅行……。

再度盛開的袋川櫻花堤

1952 年鳥取大火，河堤旁的櫻花樹都被燒毀。瀨川彌太郎（故京都大學教授），在 1959 年再度來訪鳥取時，站在河畔邊想起他高校時代，曾經在這邊看過美麗的櫻花盛開，度過他的青春，興起想對故鄉報恩的念頭。

於是花了十年，匿名贈送了八百棵櫻花樹苗，在市民的保護育成下，如今，每年的春天，櫻花都會再度盛開。

51

story 16 / 若櫻鐵道

過去因為有四座寺廟在此,被稱為寺廟大
道。明治時期一場大火,慘遭祝融之災。
重建時,為了防火將面向寺廟的廚房都改
建為土造倉庫;因此被改稱為藏 * 大道。

* 藏日文為倉庫,存放醬油、味噌。

52

若櫻民工藝館

由約 100 年的舊民房改建，展
示從日本各地蒐集來的鄉土玩
具、土製鈴鐺 * 約 5000 個。

* 土製鈴鐺最早從 600 年飛鳥、奈良時代開
始，用來避邪，一般掛在客廳或桌上。

仮屋街道

大雪地帶才會出現的獨特街
道。門前有叫做「清流道」的
水溝，剷雪後或町下腳屋簷滴
落的雪，都會流到溝裡，避免
門口積雪。

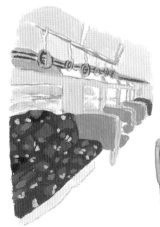

若櫻車站

1930 年開通的若櫻線終點
站，車站內仍保留當時的
設施和設備，包含站房、月
台、手動式轉台……。在門
口等待我們的是若櫻站的吉
祥物若鬼和櫻子。

昭和號、八頭號、若櫻號，內
裝和 JR 九州一樣，都是由設
計師水戶岡銳治所設計。

不動院岩屋堂

建於 806 年，位在峭壁洞裡的中世紀寺院建築，供僧人在幽靜的山裡進行嚴酷的修驗道。

參訪時須走僅供一人通行的小石階上去。千年來不斷持續的翻修，屋堂建築的木頭色澤深淺不一，深色的是以前的，淺的是翻新的，透露出不同時代的痕跡。裡頭供奉的是不動明王 *，座像為 819 年弘法大師所雕刻，為「日本三大不動明王」之一。

* 不動明王是日本的火神，代表怒，主要保佑家庭安全、身心平安、成就學業。

弁天饅頭，若櫻好吃的甜點，像麻糬的外皮，內為紅豆餡。

隼站

社區複合型空間「隼 Lab」

鳥取「八頭町立隼小學校」廢校後改裝為公民複合型設施。1 樓有咖啡店 Cafe & Dining San，cocoto 是和女性相關及親子育兒商店，以媽媽觀點販售安全玩具及雜貨。在停車場看車牌，就知道遊客從哪裡來，多數都還是鳥取當地人。

用瀨放流人偶

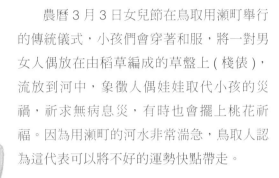

　　農曆 3 月 3 日女兒節在鳥取用瀨町舉行的傳統儀式，小孩們會穿著和服，將一對男女人偶放在由稻草編成的草盤上 (棧俵)，流放到河中，象徵人偶娃娃取代小孩的災禍，祈求無病息災，有時也會擺上桃花祈福。因為用瀨町的河水非常湍急，鳥取人認為這代表可以將不好的運勢快點帶走。

用瀨站

川の hotori 用瀨 (咖啡店)

　　有 100 年歷史的古民家咖啡店，通往咖啡店要先走過一條小橋。用瀨街上有一條湍急的大水溝，每戶人家都有一條專屬的小橋。從咖啡店窗外可以看到火車經過，那天正好是白兔號。

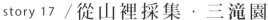

取自溪裡的烤魚用竹籤串著，手工豆腐加了切碎的野蕨。

綜合山菜涮涮鍋。各種山菜用高湯川燙一下，沾點醬油就可以吃了，可以品嚐到野菜細微差異的味道。

一旁的蘆津溪谷是天然冰箱。

　　隱身於智頭町蘆津溪谷，在燃著煙的日式茅茸屋內用餐。等待時，可以在森林裡散步或看豔麗的放山雞在山林裡四處閒逛。食材都是從山中採集的當季山菜或是溪魚。每年 4 月開園，12 月積雪時期則閉園。

工作人員穿著可愛的藍白格紋制服。

好吃蓬鬆的鬆餅。餐廳有一面大落地窗，春天鳥取山上，白色的樹枝在發亮。

　　從販售牧場雞蛋開始，現任老闆年輕時曾特地去大阪養雞場學習，去了才發現大阪的養雞場雞群數量多，且都是被圈養在小空間裡，鳥取的放養雞與其相較之下，十分珍貴。

　　回到鳥取後就開始專注於放養雞，生產品質好的雞蛋，之後開始用雞蛋做甜點，現在已經是大家會特地開車來吃鬆餅、雞蛋料理的名店。

鳥取色

走在鳥取街頭，或許因為白兔神社象徵戀情，四處可見用可愛的粉紅色做的設計。鳥取像一位安靜沉穩的先生，卻反差萌的穿著粉紅色套裝，覺得很有趣。因此便想來試著搜集，看看鳥取還有哪些代表色。

粉紅咖哩・大榎庵

可以在店裡穿著店家準備的巴洛克風禮服，像從凡爾賽宮走出來，在日式餐廳裡吃粉紅色的咖哩。
粉紅色為甜菜根的自然染色，咖哩意外地好吃。另有粉紅醬油、粉紅美乃滋可供選購。

戀山形站

或許因為有結緣神社的關係，純樸的鳥取到處都能找到象徵戀情的粉紅色。戀山形站因為名字裡有戀，從入口地面指標開始，整座車站都是粉紅色的，站內設有繪馬，可以祈求戀情順利。

白兔神社前的粉紅郵筒

有神明加持，寄告白信專用？

粉紅計程車

整個鳥取市只有三台粉紅色計程車。分別是代表鳥取觀光的因幡 INaBa 三兄弟，I 君喜歡攝影、Na 君愛吃美食、Ba 君戴眼鏡會做筆記整理資料。

若櫻車站 · 蒸汽火車頭

雖然一樣是粉紅色，但這裡的粉紅
是象徵櫻花花瓣的粉紅。每年櫻花
祭時會漆成粉紅色，等櫻花季結束
會再漆回黑色，跟著櫻花限定。

八頭號 · 柿子色

若櫻鐵道列車的塗裝以四季
變化來設計，八頭號是象徵
秋天的柿子色。

中井窯三色

黑釉、綠釉、白釉，是中井窯
的代表色。

冰淇淋三色

墨魚冰淇淋、二十世紀梨冰淇淋、
大山牛乳冰淇淋。

鳥取 · 在路上

特急超級白兔號 Super Hakuto
「特急スーパーはくと」

經由

京都　　　大阪　　三ノ宮　　　鳥取

特急超級因幡號 Super Inaba
「特急スーパーいなば」

經由

岡山　　　　　　智頭　　鳥取

特急超級白兔號，取名自神話「因幡之白兔」。第一節車廂和司機僅隔著大面透明玻璃，可以看到駕駛艙和前方沿途的景色變化。火車在鐵軌上「鏗鏘扣、鏗鏘扣」重複的像放煙火聲。雖然稱作「特急」，但中午從大阪出發後，直到傍晚才會抵達鳥取。

民藝的車廂

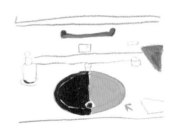

洗手台，採用的是手作因州中井窯。

照明燈罩、通道的窗戶都是因州和紙。

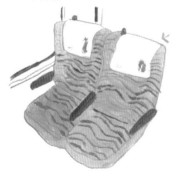

風紋座椅，枕布印著鳥取地方特色的圖騰。

布簾為倉吉手染織品。

高速巴士

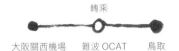

轉乘

大阪關西機場　　難波 OCAT　　鳥取

超值豪華巴士【鳥取 < ＞大阪：單程 ¥3800】
大阪｜難波　　（日交巴士乘車券售票處）
鳥取｜鳥取站前北口左前方 (鳥取巴士站)
免費預約信箱｜ h-bus@nihonkotsu.co.jp

車廂內一排三人，每個都是
獨立座位。

公路的位置往往開在高處，像走在陵
線上，途中可自車上直望住在山谷間
的人家。在穿過無數山中隧道後，從
山陽到山陰。

鳥取車站販售的便當

安倍鳥取堂
元祖螃蟹壽司，
創業於 1952 年。

鳥取

日本

鳥取春散策地圖

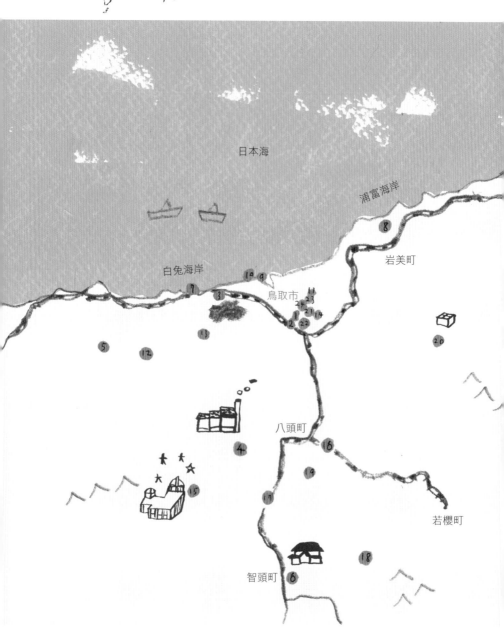

日本海

浦富海岸

白兔海岸

岩美町

鳥取市

八頭町

若櫻町

智頭町

鳥取春散策

文／圖	王春子
美術設計	王春子
執行長兼總編輯	馮季眉
編輯總監	高明美
副總編輯	周彥彤
印務經理	黃禮賢
社長	郭重興
發行人暨出版總監	曾大福
出版	步步出版
發行	遠足文化事業股份有限公司
地址	231 新北市新店區民權路 108-2 號 9 樓
電話	02-2218-1417
傳真	02-8667-1065
Email	service@bookrep.com.tw
客服專線	0800-221-029
法律顧問	華洋國際專利商標事務所 蘇文生律師
印刷	凱林彩印股份有限公司
初版2刷	2020 年 4 月
定價	300 元
書號	IBCI0005
ISBN	978-957-9380-51-5

國家圖書館出版品預行編目 (CIP) 資料

鳥取春散策 / 王春子文 . 圖 . -- 初版 . -- 新北市：
步步出版：遠足文化發行 , 2020.03
　面；　公分
ISBN 978-957-9380-51-5(平裝)

1. 旅遊 2. 日本鳥取縣

731.7629　　108023116

LOCATION |
麒麟のまち 鳥取因幡 Tottori Inaba, Kirinnomachi, Japan
（鳥取市、若桜町、八頭町、智頭町、岩美町）

SPECIAL THANKS |
盛山俊平 Seiyama Shumpei、田中崇仁 Tanaka Takahito、川口隆 Kawaguchi Takashi
張珈瑋 Ariko Chang、吳祝華 Jessy Wu、胡丹 Dan Hu

* 傑森全球整合行銷股份有限公司 JWI Marketing Co., Ltd
* 鳥取市役所觀光 ジオパーク推進課
Tottori City Tourism & Geopark Promotion Division
680-8571 鳥取県鳥取市幸町 71 番地
kankou@city.tottori.lg.jp

旅遊資訊若有任何異動，請以當地公布為準。